Caderno de Música

Contendo:

Noções de Escrituração e Teoria Musical

Nº Cat.: 1-CM

Irmãos Vitale Editores Ltda.
vitale.com.br
Rua Raposo Tavares, 85 São Paulo SP
CEP: 04704-110   editora@vitale.com.br   Tel.: 11 5081-9499

© Copyright by Irmãos Vitale Editores Ltda. - São Paulo - Rio de Janeiro - Brasil.
Todos os direitos autorais reservados para todos os países. *All rights reserved.*

Dados Internacionais de Catalogação na Publicação (CIP)
(Câmara Brasileira do Livro, SP, Brasil)

Caderno de música. -- São Paulo : Irmãos Vitale

ISBN: 85-7407-041-6
ISBN: 978-85-7407-041-4

Contendo: Noções de escrituração e teoria musical.

1. Música - Teoria.

98-4459   CDD-781

Índices para catálogo sistemático:

1. Música : Teoria   781

Capa: Manuscrito original da musica Meu Amor Adoro-te (Zequinha Abreu).

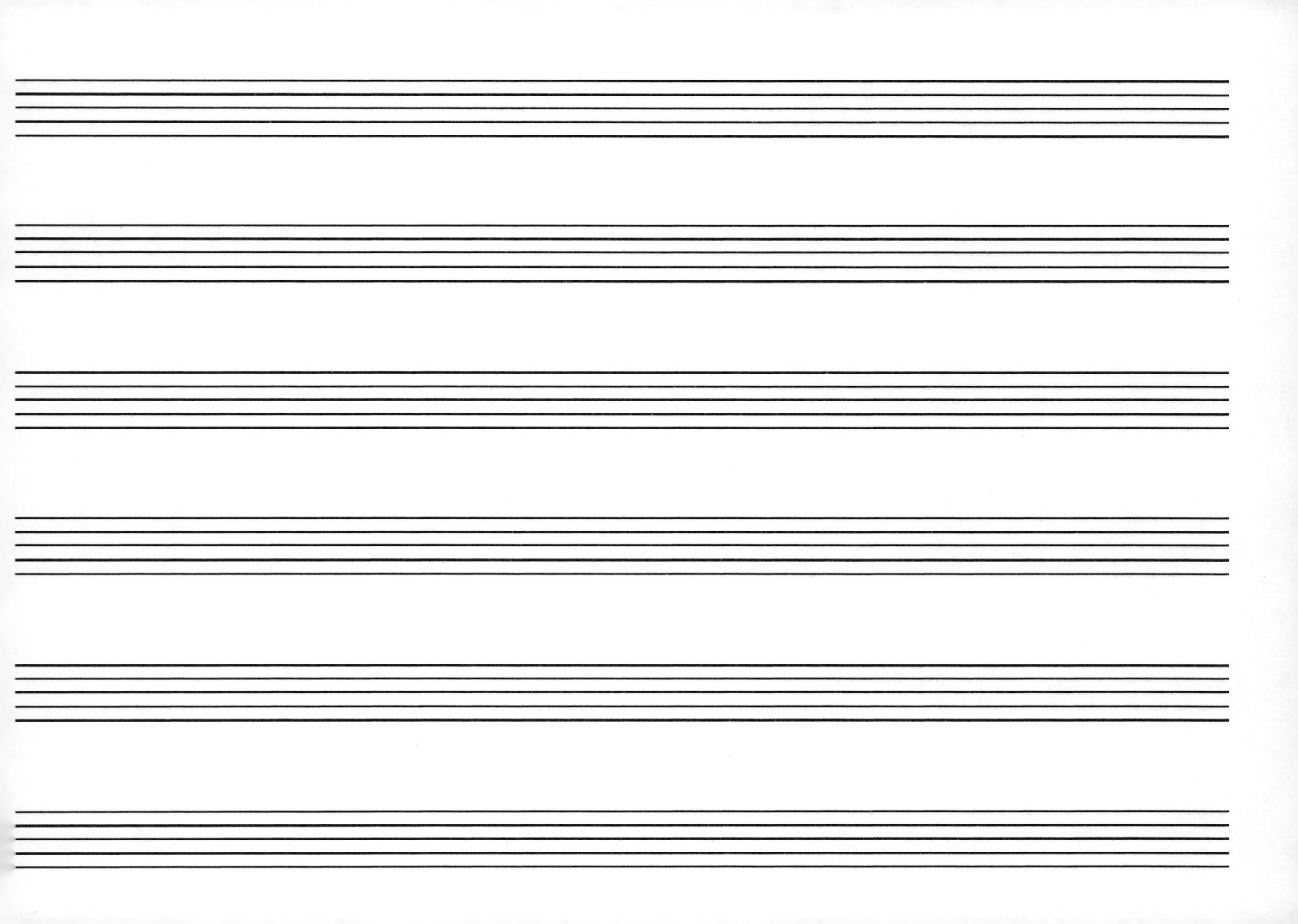

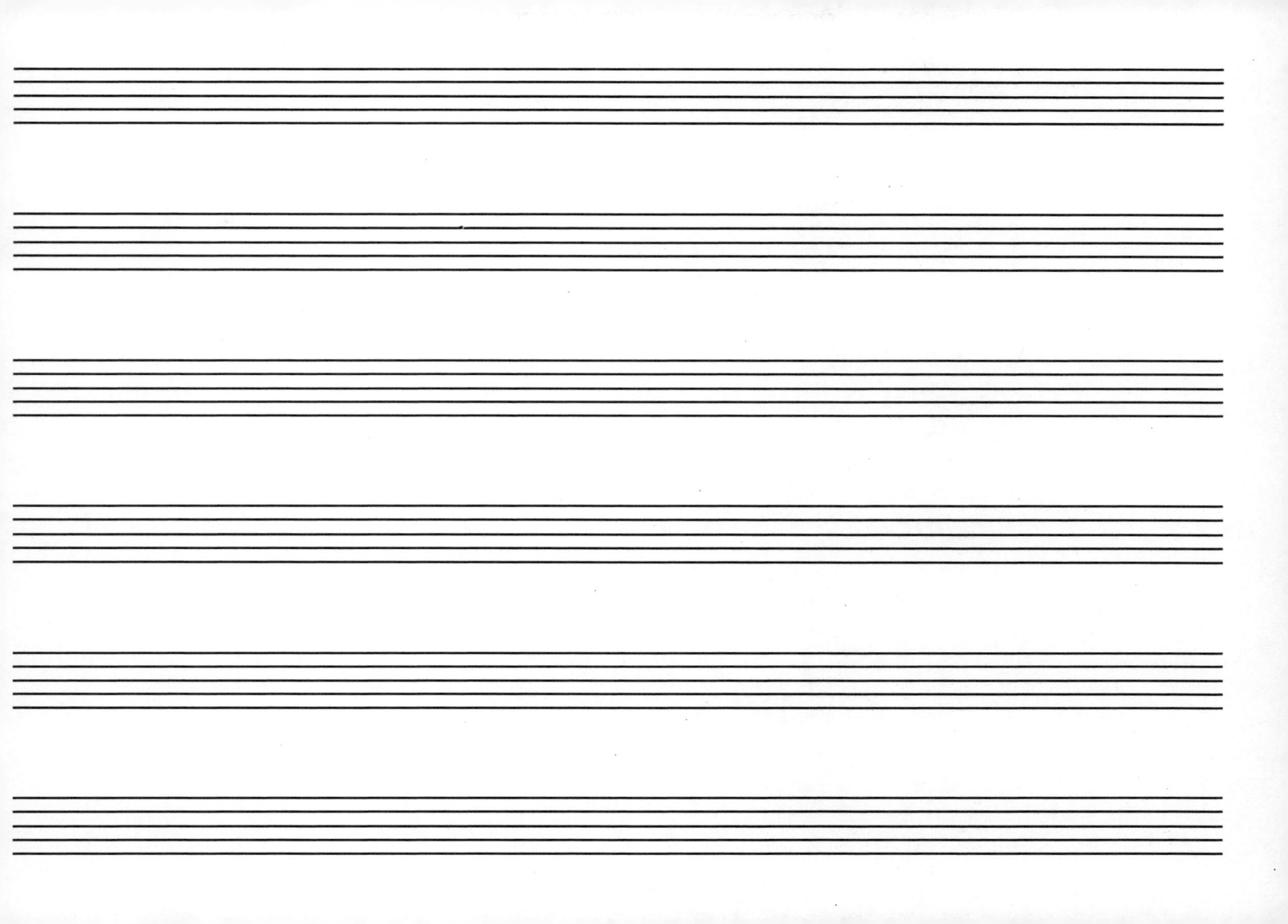

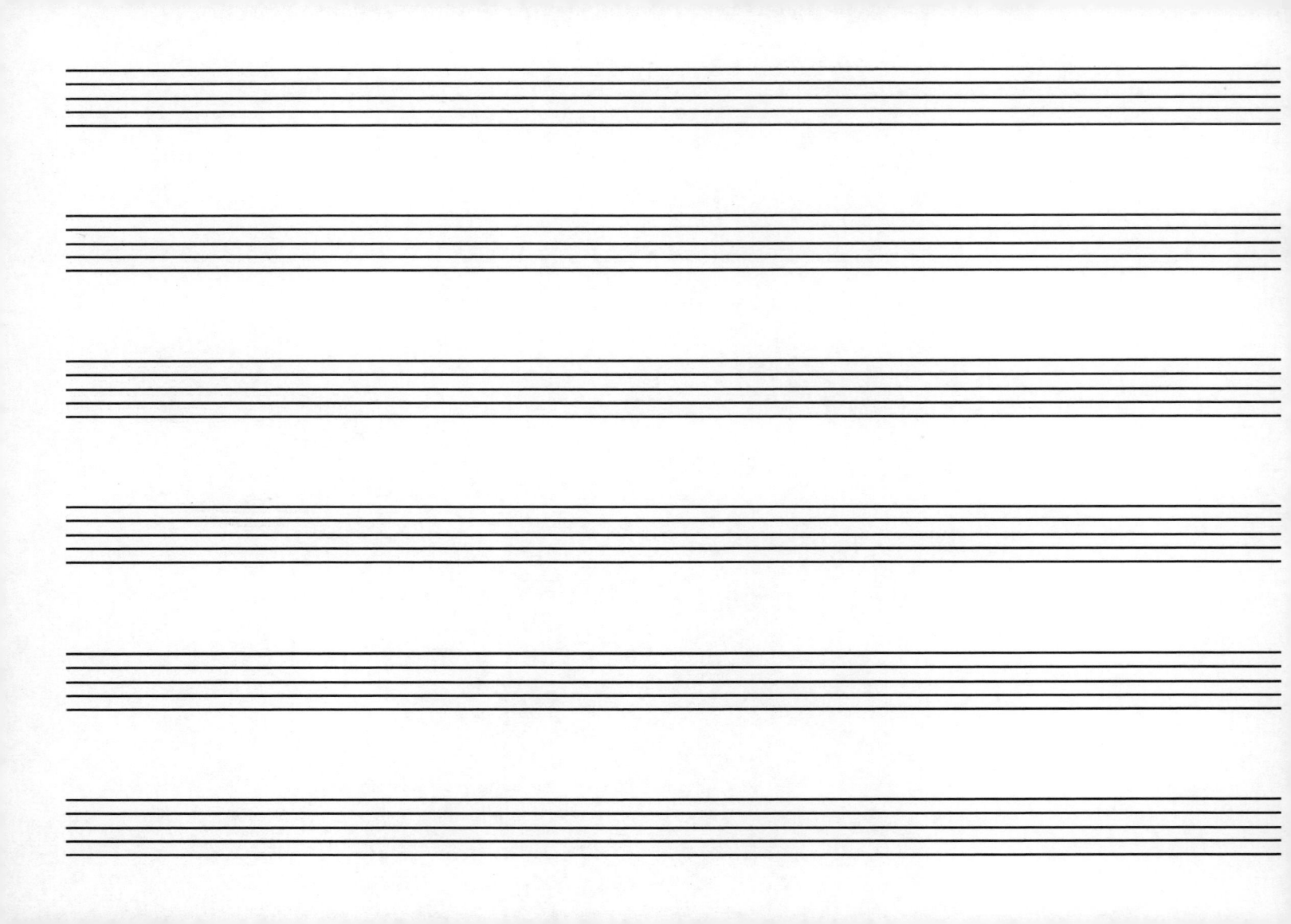

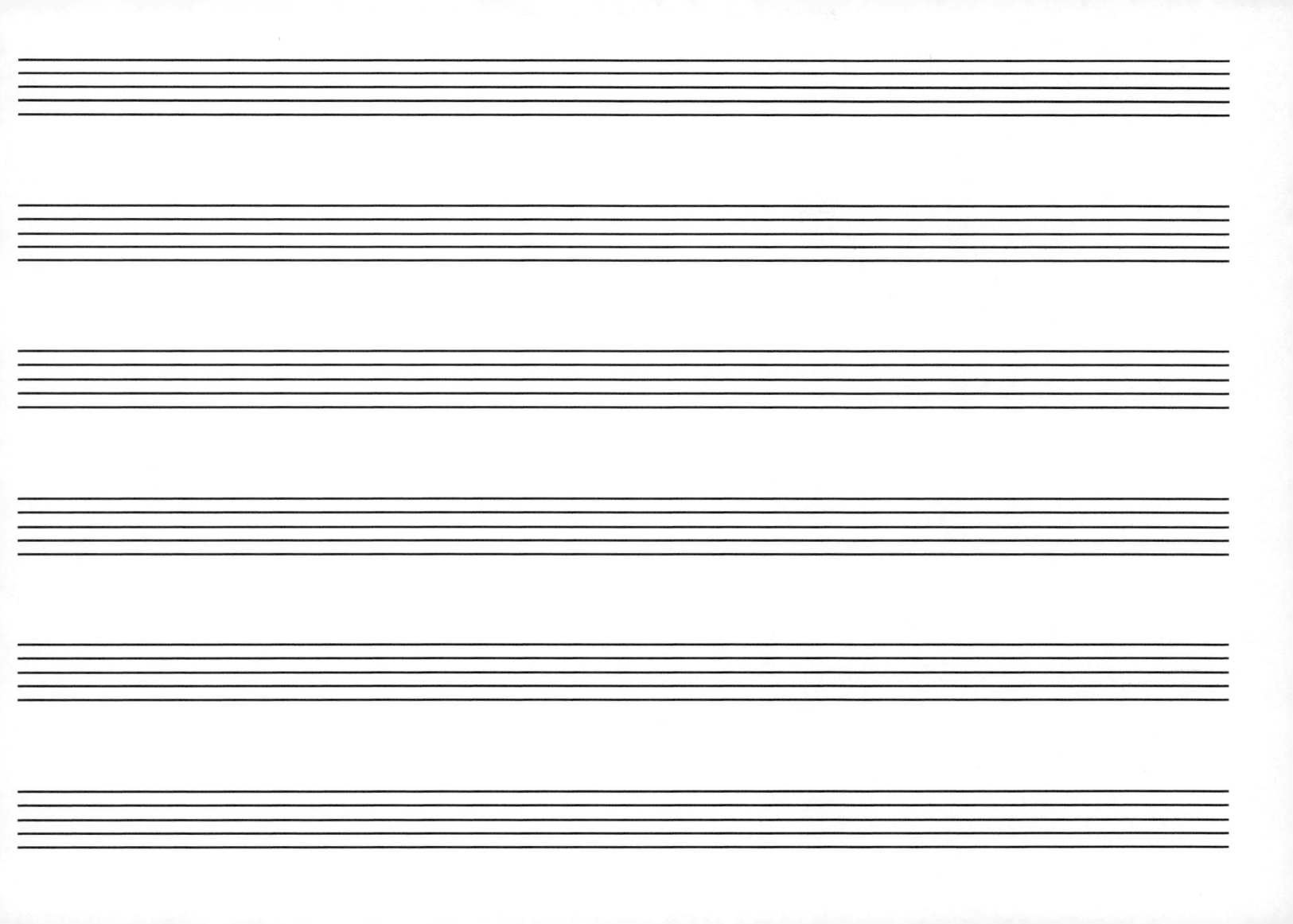

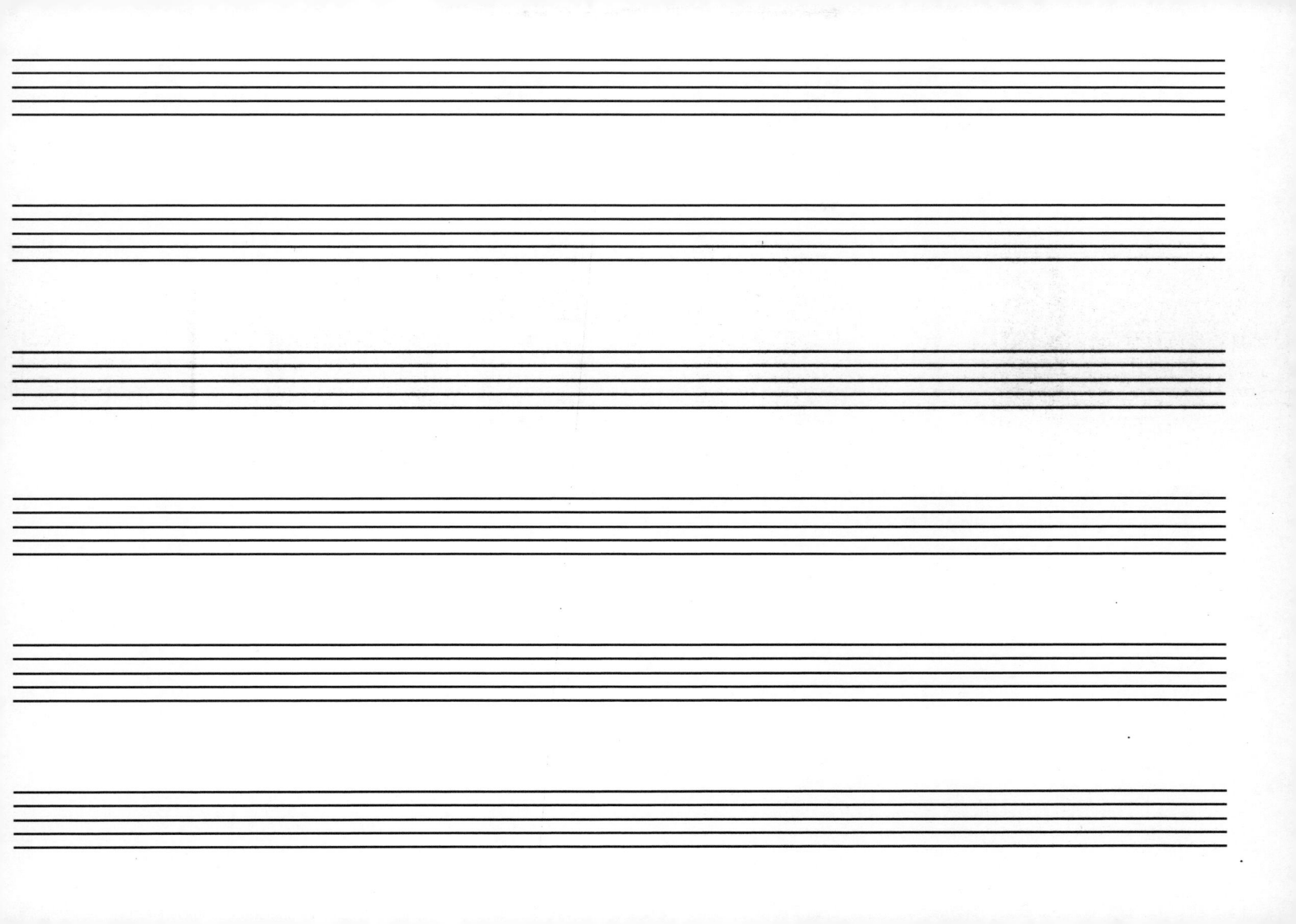

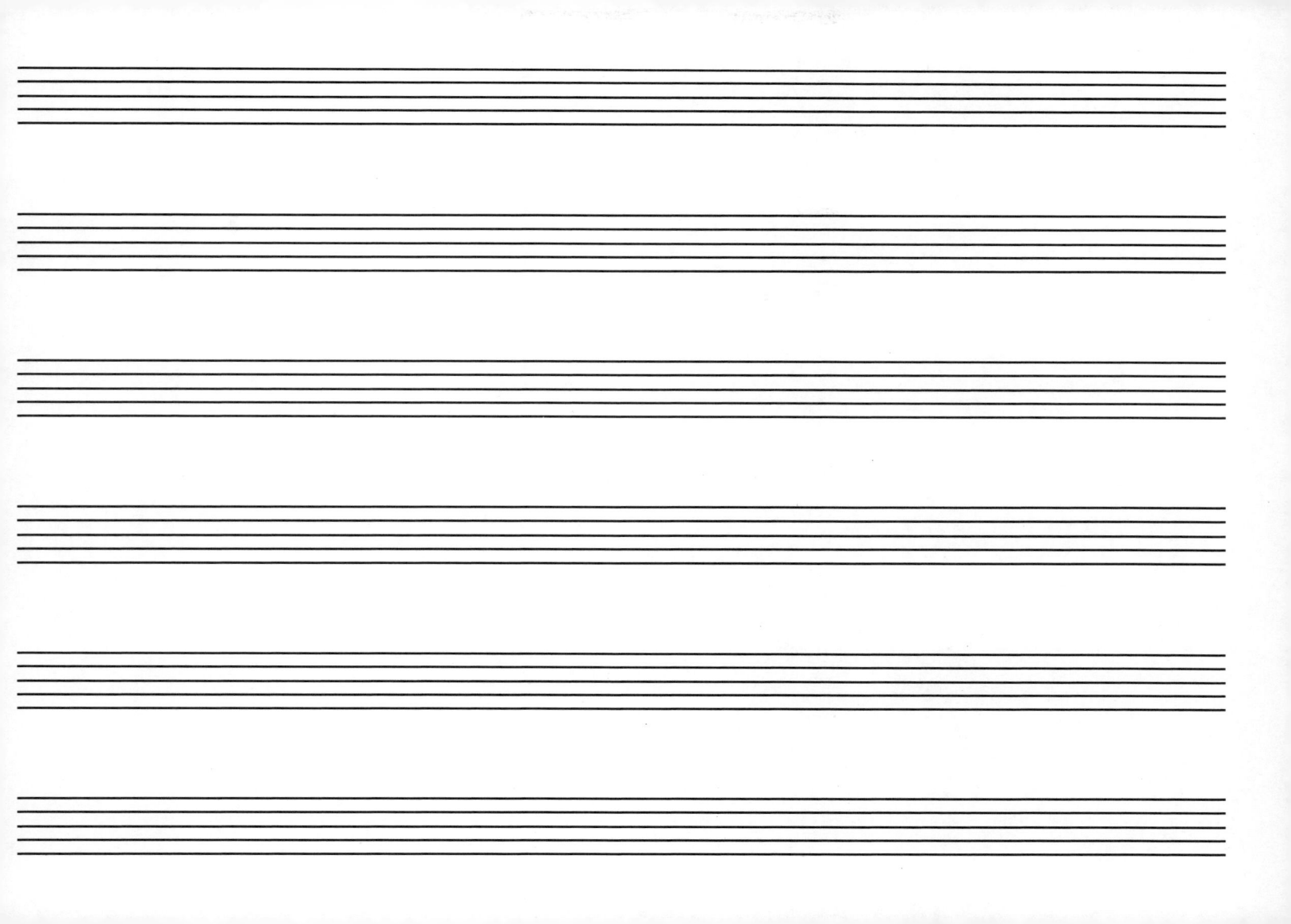

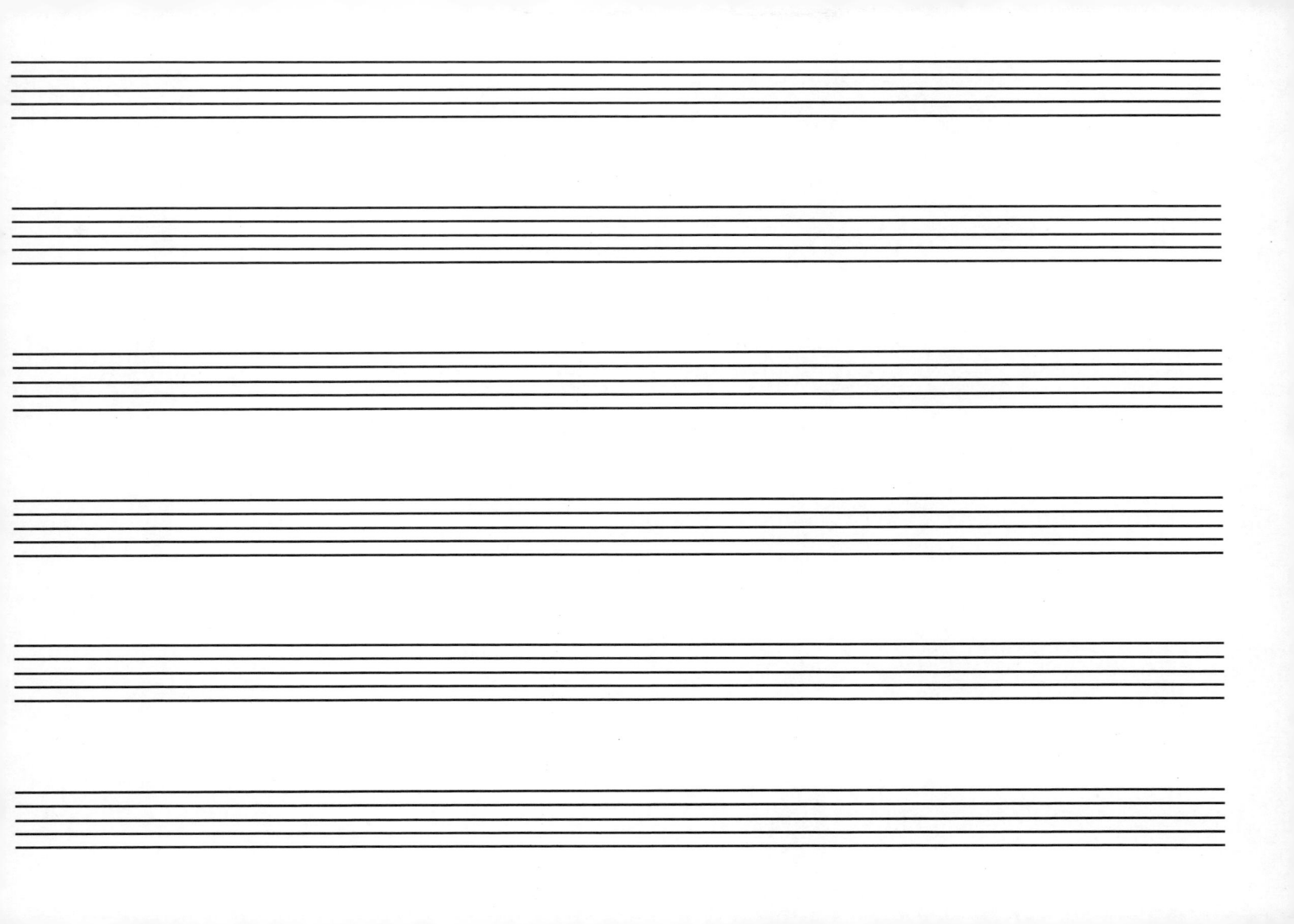

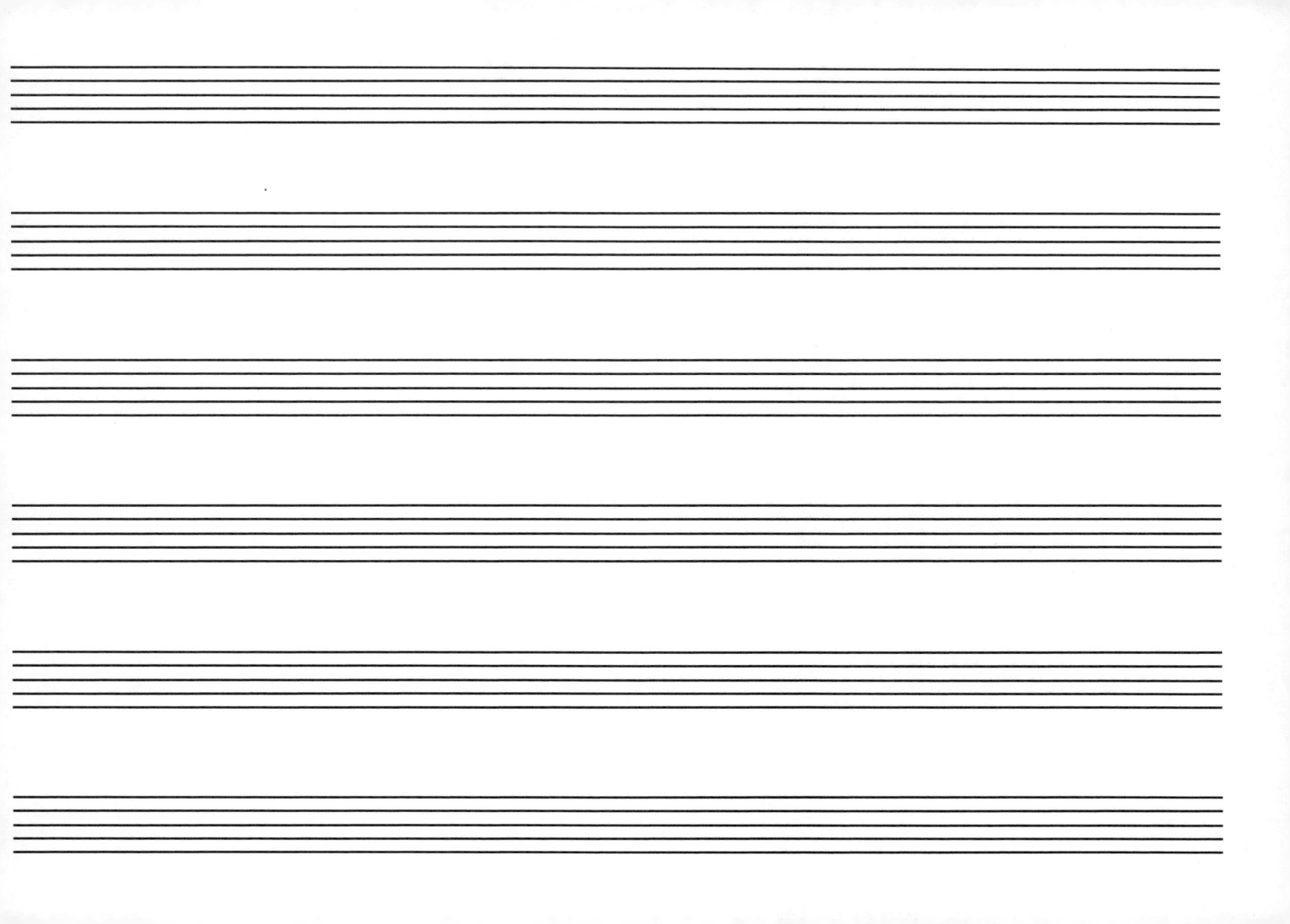

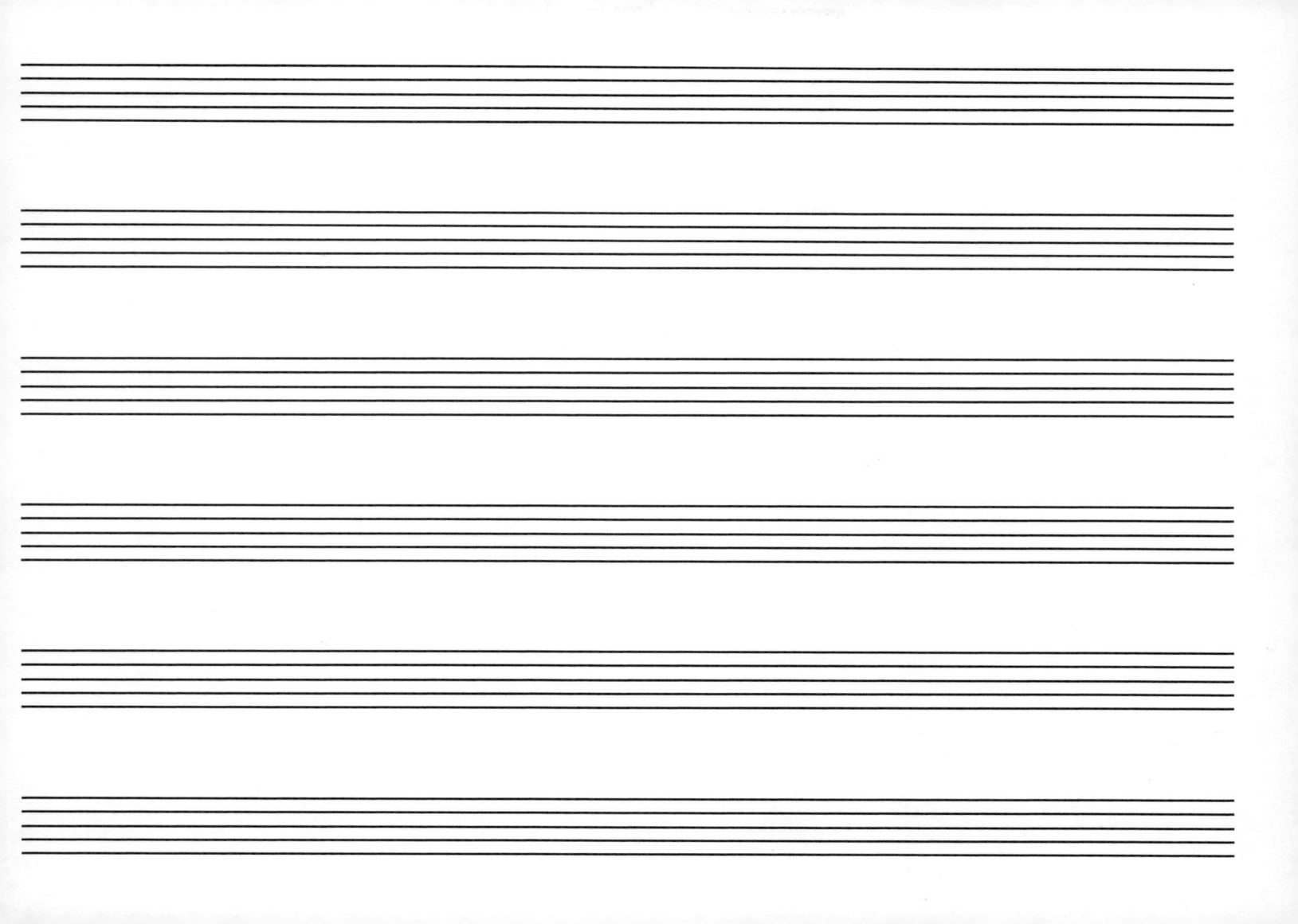

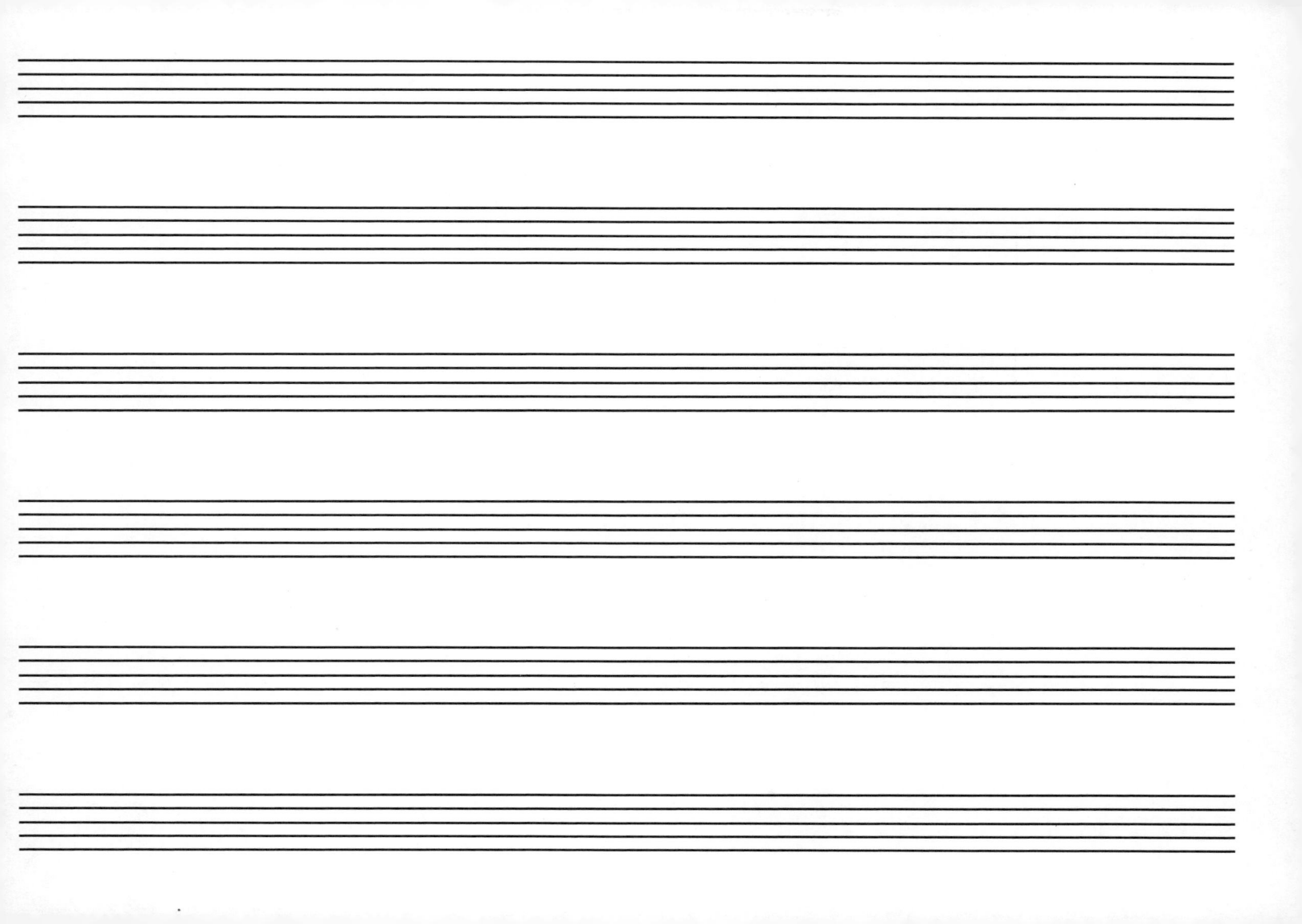

CIFRADO
O cifrado é universal

TONALIDADES
As tonalidades são indicadas por letras

Tons maiores

Letras maiúsculas

A	B	C	D	E	F	G
lá	si	dó	ré	mi	fá	sol

Tons menores

Letras maiúsculas, seguidas de um (m) minúsculo.

Am	Bm	Cm	Dm	Em	Fm	Gm
lá	si	dó	ré	mi	fá	sol

SINAIS USADOS NO CIFRADO

♯   sustenido
♭   bemol
6   (sexta) — 7 (sétima) — etc.
9M (nona maior) — **7M** (sétima maior) — etc.
5+ (quinta aumentada) — 9+ (nona aumentada) — etc.
9— (nona menor)
dim (acorde diminuto)

ESCALAS E INTERVALOS
Dos tons mais usados

TONS MENORES
relativos

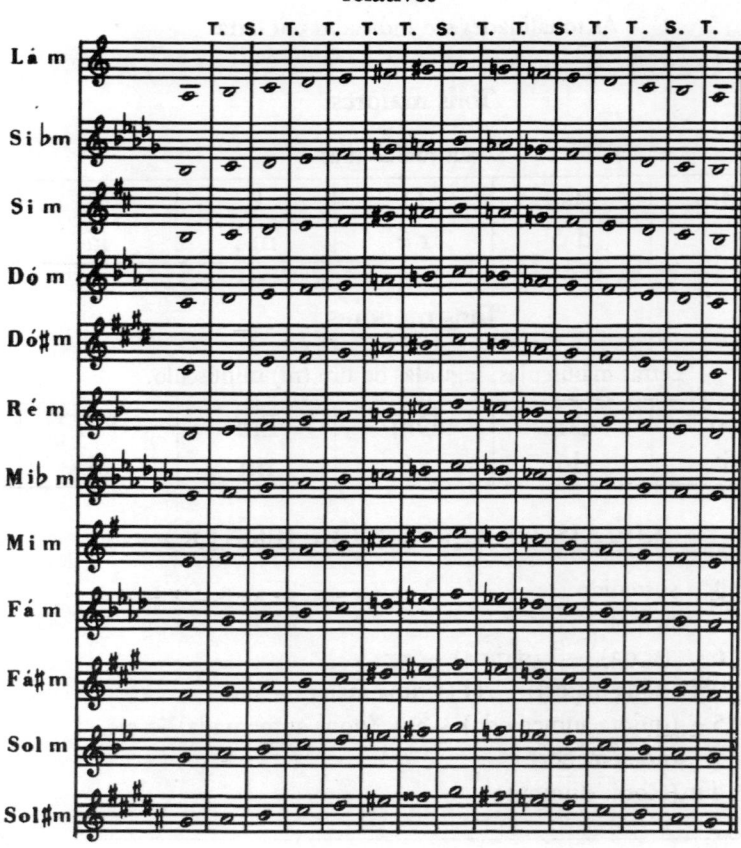

ESCALAS E INTERVALOS
Dos tons mais usados
TONS MAIORES

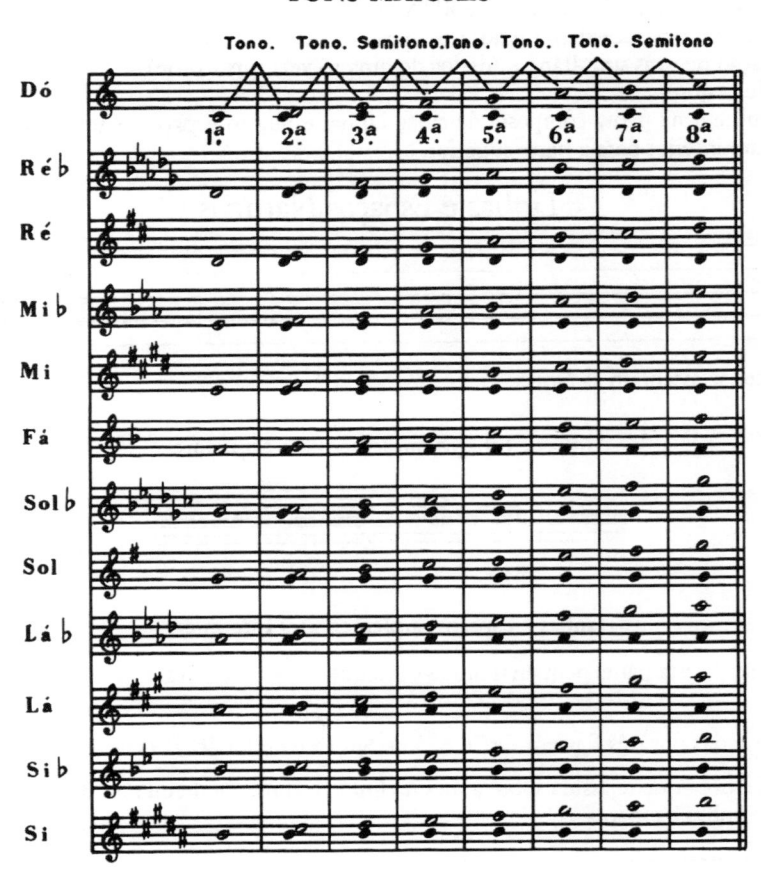

ELEMENTOS DE ESCRITURAÇÃO MUSICAL

A MÚSICA é a arte de manifestar os diversos afetos da nossa alma mediante o som.
Divide-se em três partes: MELODIA, HARMONIA e RITMO.
MELODIA é a combinação de sons sucessivos (dados uns após outros).
HARMONIA, a combinação de sons simultâneos (dados de uma só vez: um acorde).
RITMO, a combinação dos valores.
 Representa-se a música sobre uma pauta composta de cinco Linhas e quatro Espaços: estas Linhas e Espaços da pauta chamam-se Naturais e contam-se da parte inferior para a parte superior.

Linhas e Espaços Naturais

```
5ª .........  _____          4º ........
4ª .........  _____          3º ........
3ª .........  _____          2º ........
2ª .........  _____          1º Espaço
1ª Linha     _____
```

Sobre estas linhas e espaços se assentam as Notas.

Linhas e Espaços Suplementares Superiores

Linhas e Espaços Suplementares Inferiores

Adicionam-se acidentalmente a esta pauta pequenas linhas e espaços, superior e inferior, e que se contam partindo da pauta.

As claves são sete, representadas por três figuras: de DÓ 𝄡 de Sol 𝄞 e de FÁ 𝄢 as mais usadas, porém, são as duas últimas.

Cada clave dá o seu nome à nota que se assina sobre a mesma linha, e conseqüentemente, determina os nomes de todas as notas que se assentam sobre as outras linhas e espaços.